मकड़ी का जाला

लेख व तस्वीरें **लता मणि** चित्र **अशोक राजगोपालन**

अनुवाद **वीणा शिवपुरी**

Tulika

Makdi kaa jaala (Hindi)

ISBN 978-81-8146-642-6

First published in India, 2009

Originally in English

Published by
Tulika Publishers, 13 Prithvi Avenue, Abhiramapuram, Chennai 600 018, India
email tulikabooks@vsnl.com *website* www.tulikabooks.com

Printed and bound at
APR Brothers, 71 Mallan Ponnappan Street, Triplicane, Chennai 600 005, India

वह एक हवादार दिन था और नारियल के पेड़ इधर से उधर झूम रहे थे। अली बाल्कनी में खड़ा अपनी गेंद को टप्पे खिला रहा था। उसके पिता राशिद भी वहाँ आ गए।

"देखो अली," राशिद ने कहा, "नारियल के पेड़ पर एक मकड़ी है।"

अली ने ऊपर देखा। नारियल की जो डाली उसके सबसे पास थी वह जब भी हिलती थी तो उसके साथ ही एक मकड़ी भी हिल रही थी। ऐसा लग रहा था जैसे कि वह मकड़ी किसी चीज़ से जुड़ी नहीं थी बल्कि हवा में झूल रही थी। अली उसे देखता ही रह गया!

"मैं अपना कैमरा लेकर आता हूँ," राशिद ने कहा और घर के भीतर चला गया।

राशिद एक छायाकार था। उसकी खींची हुई तस्वीरें कई अखबारों और पत्रिकाओं में छपी थीं।

राशिद के लिए तस्वीर खींचने का मतलब यह नहीं था कि कैमरा किसी चीज़ की तरफ़ करो और बटन दबा दो। राशिद का मानना था कि एक अच्छे फ़ोटोग्राफ़र को चीज़ें सिर्फ़ दिखती नहीं है। वह उन्हें देखने की कला सीखता है।

दिखने का मतलब है जब आप किसी आदमी, किसी चीज़, या किसी घटना पर सिर्फ़ एक सरसरी नज़र डालते हैं लेकिन देखना वह होता है जब आप को जो कुछ दिखाई दे रहा है उस पर गहराई से गौर करते हैं। दिखने का मतलब है किसी चीज़ की जानकारी भर होना लेकिन देखने का मतलब है उसे भीतर से अनुभव करना।

राशिद ने अली को भी दिखने और देखने के बीच फ़र्क करना सिखाया था। अली देखने की इस कला को सीखने की भरपूर कोशिश करता था। लेकिन यह उसे बहुत मुश्किल लगता था। वह तो हमेशा ही हिलता-डुलता और चुलबुलाता रहता था। ऊपर-नीचे, बाएँ-दाएँ, यहाँ-वहाँ। अली सिर्फ़ छः साल का था।

राशिद अपना कैमरा और उसका तीन टाँग वाला ट्रैपॉड ले आया। उसने ट्रैपॉड पर अपना कैमरा जमाया और उसकी ऊँचाई का ताल-मेल बिठाया। फिर उसने एक चौकी अपने पास खींच ली।

अली जैसे-तैसे उस चौकी पर चढ़ा और कैमरे के लैंस से देखने लगा। वह चकित रह गया कि अब उसे वह मकड़ी कितनी साफ़ दिखाई दे रही थी।

सुबह की रोशनी में मकड़ी झिलमिला रही थी। उसका एक सिर था और एक शरीर।
उसने उसकी आठ टाँगे भी गिनीं। हर टाँग पर छोटे-छोटे रोएँ खड़े थे। मकड़ी आराम करती हुई दिखाई दे रही थी।

अली को लगा कि जैसे वह कोई बड़ा जासूसी कारनामा कर रहा है। वह मकड़ी को देख सकता था लेकिन मकड़ी उसे नहीं देख सकती थी। उसने सोचा कि क्या मकड़ी जानती है कि कोई उस पर नज़र रखे हुए है? उसने सुना था कि मकड़ियों की बहुत-सी आँखें होती हैं। कुछ की आठ तो कुछ की छः या चार या दो।

अली को जाला भी साफ़-साफ़ दिखाई दे रहा था। वह लगभग दस इंच चौड़ा और नौ इंच लंबा था। उसके कुछ तार टूटे हुए थे लेकिन ज़्यादातर सही हालत में थे।

अली को यह देख कर बहुत मज़ा आ रहा था कि धूप के साथ-साथ कैसे मकड़ी और जाले का रूप भी बदल रहा था। अगर जाले पर धूप चमकने लगती थी तो उसका एक-एक तार दिखाई देने लगता था। लेकिन अगर सूरज बादलों के पीछे छिप जाता था तो सिर्फ़ कुछ तार ही दिखाई देते थे।

अली को जाले का आकार भी बहुत पसंद आया। बिलकुल भूल-भुलैया की तरह।

जाले के ऊपरी दाएँ हिस्से में एक छोटी-सी गोल चीज़ थी।

"वह कोने में क्या चीज़ है, पापा?" अली ने अपनी जगह से हटते हुए पूछा ताकि उसके पिताजी देख सकें।

"बेटा, वह एक कीड़ा है। मकड़ी ने उसके चारों ओर एक कोया बुन दिया है ताकि उसे भूख लगने तक वह कीड़ा सुरक्षित रहे। लेकिन देखो जाले में कुछ और कीड़े भी फंसे हुए हैं और उन्हें इस तरह कोए में नहीं लपेटा है।"

अली ऊपर चढ़कर फिर से कैमरे में देखने लगा।

“क्या तुम्हें मालूम है,” राशिद ने पूछा, “कि मकड़ियाँ 30,000 किस्मों की होती हैं?” अली ने अपना सिर हिलाया क्योंकि उसे मालूम नहीं था। ऐसा करते ही मकड़ी का जाला उसकी नज़र से ओझल हो गया।

उसने दोबारा से नज़रें जमाईं और देखा कि वहाँ एक और कीड़ा था जिसे उसने पहले नहीं देखा था। क्या वह तभी वहाँ फंसा था जब वह अपना सिर हिला रहा था? या पहले से वहीं था? उसने सोचा कि अगर वह हिलेगा-डुलेगा तो ज़रूर कोई न कोई चीज़ वह नहीं देख पाएगा। उसने अपने पिता से कहा कि वे उसका ध्यान न भटकाएँ।

राशिद ने हँसते हुए कहा, “ठीक है अली, मैं तुम्हें मकड़ी के साथ अकेला छोड़ देता हूँ।” वह अंदर जाकर ऐसी जगह बैठ गया जहाँ से अपने बेटे पर नज़र रख सकता था।

अली के सामने मकड़ी का नज़ारा बार-बार बदल रहा था। जब भी हवा जाले को हिलाती थी तो वह कैमरे के लैंस के एक कोने से दूसरे कोने तक झूल जाता था। एक पल को मकड़ी जाले के ऊपरी कोने में दिखती थी तो अगले पल नीचे बाँई ओर। कभी-कभी तो दिखाई ही नहीं देती थी।

एक बार तो उसे मकड़ी की सिर्फ़ तीन टाँगे ही दिखाई दे रही थीं। फिर हवा जाले को दोबारा उसके सामने ले आई।

अली ने अपने पिता को पुकारा। "पापा, क्या आप सोचते हैं कि यह मकड़ी काफ़ी देर तक यहाँ रहेगी? क्या मैं बार-बार इसे देख सकता हूँ?"

राशिद अली के पास आया और उसका कंधा थपथपाते हुए बोला, "मेरे खयाल से यह अभी यहाँ रहेगी... और तुम जितनी बार चाहो इसे देख सकोगे!"

अली हाथ में गेंद लेकर वहाँ से चला गया और राशिद तस्वीरें खींचने की तैयारी करने लगा।